Lágrimas de pájaro cautivo

Lágrimas de pájaro cautivo

Fernando Gudiel

Lágrimas de pájaro cautivo
Segunda edición, octubre de 2021

Derechos Reservados
© 2019 Fernando Gudiel

© Ilustración de la portada: Fernando Gudiel
Foto: José Salvador Álvarez

ISBN-13: 978-1-7369492-2-1

TESSELLATA LIBROS
Virginia, EE.UU. (USA)
Tessellatabooks@gmail.com

En memoria de mi padre, Aristides

Contenido

-1- lágrimas de pájaro cautivo — 11

    espectáculo circense — 13
    el canto de Perséfone — 15
    primavera marchita — 16
    el suplicio de judas — 18
    tragedia de dos — 20
    la promesa — 22
    la hermosa modelo — 23
    el tierno arrullo de Ixtab — 25
    vacío — 26
    cuervos — 28
    la dama y otros demonios — 30
    pesadilla eterna — 32
    por momentos — 34
    dedicado a... — 35
    la sangre hierve — 36
    días inclementes — 37
    alma mater — 38
    decadente — 39
    paraíso abismal — 40
    el último brindis — 42

-2- el llamado de la tierra — 43

mantis religiosa — 45
memorias en la hacienda — 46
el catrín — 49
el fruto prohibido — 50
ven...acércate — 52
anhelos del corazón — 54
fusión pasional — 56
el cedro — 57
añorando las tiernas madrugadas en lago de Atitlán — 58
en algún lugar de Guatemala — 60
sueño superfluo — 62
entre vacías sábanas blancas — 64
el jardín — 66

-3- vuelo del Quetzal — 67

las voces del pasado aún se escuchan — 69
canto: 82 — 70
batracios — 72
cara sucia — 74
plegaria — 76
niño de papel — 78
cabizbajo — 79
hay un lugar donde el cielo es gris — 80
los grandes reyes del mal — 81
a un Quetzal — 83
pata de conejo — 84
niña Azucena — 86
el cuadro — 88
colibrí — 90

-4- Eros desterrado — 91
    cinco de la tarde — 93
    noche fría — 94
    nubes negras — 95
    el silencio en una noche de invierno — 96
    gusanos — 98
    transición — 100
    en el halo del olvido — 102
    ruptura — 104
    te he estado buscando — 106
    diosa del amanecer — 108
    vida después de la muerte — 109
    el sueño más hermoso — 111
    buscándole sentido a la vida — 113
    3D — 114

acerca del autor — 117

-1-

*lágrimas
de pájaro
cautivo*

espectáculo circense

bajo la gran carpa
se escuchan trompetas y tambores
globos de colores
solapan las miserias cotidianas
mundo irreal y mágico
migajas de un placer enfermizo
viles aplausos
nefastas miradas
se viven en el circo.

lloriqueo de niños
de una vida mediocre
hacen eco
a los clamores del conformismo
y murmullos agobiadores
acallados por el maestro de ceremonias
quien inicia la función
con palabras de nepotismo.

penetrante luz
apunta al telón del anfiteatro
ábranse las sangrientas
cortinas aterciopeladas
corriendo hacia el centro
seres adefesios y malignos
monstruo de siete cabezas
resurge de un pagano abismo.

paupérrima alegría
se vive en las graderías
los payasos se burlan
con alevosía e hipocresía
bienvenida
la Gran Prostituta de la desidia
almas infectadas
caminan por la cuerda con agonía.

flores luctuosas
caen desde el trapecio
niños hambrientos
amamantados por el desprecio
leche materna
con agridulce sabor a veneno
criando a los futuros hijos
de un mundo incierto.

el canto de Perséfone

bajo el plomizo firmamento
que enluta sus praderas
marchan sobre cruces y fosas comunes
los dioses avernos de la postguerra.

estridente lloriqueo de madres angustiadas
hijos desaparecidos por la corrupta peste
Perséfone toca el arpa... su música
se escucha de Norte a Sur, de Este a Oeste.

prendas desgarradas
bocas amortajadas
manos atadas
sollozo viento que abanica
cuerpos inertes.

sociedad con alma de acero
sirvientes de la muerte
viles rancios corazones hirientes.

plumaje verde esparcido de sangre
yace en los prados
pájaro cautivo
alimento de los buitres
exquisita carne con sabor
a ideales quebrantados.

primavera marchita

agobiada por sucias manos
maltratada como una ramera
paulatinamente se corrompe la mente
se marchita la primavera.

las alimañas carcomen la esperanza
ciegan enloquecidamente la razón
el egoísmo, el odio son los placeres
de los pobres de corazón.

primavera marchita
no sé percibir tu mirar en la oscuridad
no sé distinguir
las voces de la verdad.

sin encontrar guía
ahora estás en tinieblas
ya quisieras despertar de esta cruda
y triste realidad.

primavera marchita
mi bella «Eterna Primavera»
se marchita.

los ángeles
nunca llegarán a comprender

segada en su miseria
sin saber qué hacer
ahora deambula
por las carreteras empedradas
de la desolación
aquí yacerán sus restos
en el lago de la desilusión.

el suplicio de judas

30 monedas de plata le bastó
un nudo en la garganta sintió
cobardía
manipulación
un beso traidor
un adiós.

gota a gota caen sus lágrimas
nada calma su dolor
poco a poco se deteriora
se acerca más su fin
viviendo en un mundo
sin esperanza, sin pena ni gloria
la zozobra imperó
mandó a ejecutar la euforia.

un mortal trueno se escuchó
la tormenta con todo arrasó
desconsuelo
destrucción
un beso amargo
un adiós.

gota a gota cae la lluvia
el cielo se viste de oscuridad
poco a poco desvanece la luz

crece la ansiedad
viviendo en un mundo sin amor
cegado por el odio
un trago con sabor a hiel
el miedo enchina la piel.

un maléfico gemido se escuchó
la muerte por ahí rondó
enfermedad
desolación
un beso mortal
un adiós.

la cordura se desquició
la libertad se prostituyó
los anhelos se petrificaron.

en los escombros del corazón
eterna contrición
la concordia se ha inmolado.

tragedia de dos

la luz de un candelabro rompe la oscuridad
en la habitación
espumeante champagne, labios de miel,
noche de seducción
pétalos de rosas rojas esparcidas, dos copas vacías
prendas sueltas, abiertas las puertas del corazón
al compás de la romántica canción
danzan dos cuerpos fusionándose
entre sábanas de seda
de la ardiente pasión solo cenizas quedan.

el horizonte esconde los primeros rayos del sol
bellos momentos que paralizan el tiempo
la llave de su corazón conserva en el alma
eterno amor.

los felices amantes salen abrazados de la habitación
prometen amarse bajo la constelación de Orión
la luna les guía, caminan por las calles
llenos de ilusión
de la oscuridad con arma en mano
un delincuente apareció
al prevenir el atraco una bala penetró
en su corazón
trágicamente un amor se ha visto interrumpido.

del horizonte emanan los primeros rayos del sol
suspiros y lamentos se van con el viento
sin su amor ahora naufraga en la mar sin calma

añora su sonrisa, sus caricias, su dulce
forma de amar
quisiera tener a su amado en sus brazos
una vez más
pétalos de rosas ennegrecidas del luto,
lágrimas del dolor
la amargura y un inmenso silencio
invaden su interior
por las noches fija la mirada al cielo
ve las estrellas brillar, un cometa pasear
ninguna esperanza brota en su alma,
ningún despertar.

con tristeza le recuerda al oír la melodía
una madrugada en la bañera le encuentran
una daga puso fin a su agonía

...tragedia de dos.

La promesa

labios de seda
tersa piel marfil
bella flor de jazmín
ojos negros
como la noche amarga de Israel
confusa como Babel
en espera de aquella promesa
que nunca se cumplirá.

la hermosa modelo

apesadumbrada se levanta de la cama
no es más que otra madrugada
por la ventana ve el sol salir.

memorias en la almohada
todo era un cuento de hadas
que se convirtió en polvo gris.

mira al roto espejo
su reflejo es una desdibujada mirada
ojos vacíos, sin brillo de esperanza.

el arcoíris se decolora
el cielo se tiñe de negro
triste e incierto porvenir.

sumerge en un elixir de lamentos
torbellino de angustiosos momentos
sin saber qué pasaje elegir
perdida en un laberinto
se encuentra sin destino.

quisiera despertar una vez más
donde el sol irradie paz
(salir de esa contrariedad)
sentir su luz iluminar su alma.

quisiera despertar
con el cantar de un manantial
(que le colme de paz)
sentir sus aguas cristalinas
purificar su alma.

pero las aguas reflejan su falsa sonrisa
su alma agoniza

como el frío mármol de un mausoleo.

sin destino
en su jaula de huesos
...cautiva.

liberará su alma
...liberará su alma.

el tierno arrullo de Ixtab

quítate el antifaz
para rozar
con dulzura
tu rostro.

apóyate en mí
yo seré
tu reposo.

quítate la piel
para acariciar
el interior
de tu alma.

acuéstate en mi regazo
y encontrarás
la calma.

vacío

he degustado vino del barato
saboreado exquisita gastronomía
caminado por laderas de opulencia
disfrutado los placeres de la lujuria
la vida me ha sonreído
me ha consentido
como una madre que alimenta
a su recién nacido
pero dime:
¿por qué aún me siento tan vacío?

vacío como un vaso
sin recibir una gota de alcohol
deshidratado como un manantial
que se ha secado por la polución
¡oh, elixir de la desilusión!
he quedado tartamudo
sin decir ¡te amo!
a aquel amor perdido
aquel amor nunca correspondido
que se ha ido para siempre.

con mis pupilas
he visto el despertar
—el abismo de la gente
mi corazón ha palpitado por el amor
ha acariciado la muerte

mi olfato se ha deleitado por
el aroma de su cuerpo hermoso
mis manos han acariciado y sentido
la suavidad de su torso.

mis pies han pisado
praderas de luz y oscuridad
tambaleante maniobrando
en la cuerda de la soledad
ando como un vagabundo
deambulando por la vida
aunque he traspasado
por las fronteras de la envidia
aún me siento tan vacío.

¡me siento tan vacío!
aunque hago caso omiso
a los que escupen fuego en mi rostro
a las serpientes que se arrastran
y realizan un ataque silencioso
a las interminables blasfemias
de un duende quisquilloso
tan quisquilloso
que danza en mi mente
y me hace perder la razón.

dime:
¿por qué aún me siento tan vacío?

cuervos

me encuentro en una habitación
colosal y mundana
lugar donde reina
el glamour de la hipocresía
seres solapados de amabilidad
y cortesía
risas enfermizas
me atormentan.

entre la multitud
aún atrapado en la confusión
habitación con pus
calvario dirigido por déspotas
me abruma tanta maldad
a mi alrededor
escenas de injusticias y
muerte por el televisor.

es un baile de máscaras
miradas atentan ante mí
veo el vil reflejo de alevosía
en sus córneas
son como cuervos
listos para picotear los ojos
el pánico me invade
siento que descuartizan
mi ser interior.

me dirijo a un
laberinto de desconcierto
donde reina la traición
ignorancia y el dolor
la salida de emergencia
para escapar del caos
me conduce a un pasadizo
que es mi efímera libertad.

la dama y otros demonios

aristocrática habitación emanaba
un olor maloliente
lúgubre mudez imperaba
en el ambiente.

óigase solo el roce de los pies
contra el piso de mármol
las manos temblaban
como ramas de un árbol.

titubeante
contorsionaba la fría perilla
ábrase la puerta, sus tornillos
un escalofriante sonido producía.

vil helada brisa
coqueteaba con mi vientre
en la tenebrosa noche de muerte.

afligido momento
y un rayo estridente
en la cama, una dama yacía
sin movimiento... inerte.

seca la última lágrima
por su pálida mejilla
manos y muñecas
sangre recorría.

en el tocador la navaja
y una carta de despedida
ver a través de su espejo
perplejo yo quedaría.

era un demonio acariciándola
desgarrando sus blancas vestiduras
cuasi desnuda, exponiendo
su reverente gran hermosura.

del charco de sangre
que en la orilla de la cama se formaba
un siniestro perro negro se alimentaba.
mientras un corcel negro
por ahí deambulaba
viéndolos
con sus ojos albos y saltones.

pesadilla eterna

despierto abruptamente
para entrar a otra nueva pesadilla
me hace falta el aire
me asfixio
necesito un poco de oxígeno
sentado en la orilla de mi cama
con la pierna cruzada
¡ahí le veo!
sonriéndome de una manera burlesca
(tanta malicia hay en sus ojos)
es la Muerte fumando un cigarrillo
sopla el humo hacia mi persona
su humo penetra por mis bronquios
como gas letal
mis pulmones hierven
mis bronquios se van derritiendo
quisiera gritar
quisiera correr
huir de su maleficio
(asfixiante angustia).

por momentos soy escurridizo
logro huir de sus viles encantos
encuentro el oxígeno
vuelvo a respirar
vuelvo a la calma
vuelvo a la vida plena

sin embargo, me pregunto en cada despertar
¿cuánto durará esta paz?
¿cuándo será que volveré a encontrarle?
sé que tarde o temprano volveremos a vernos
enfrentarme de nuevo contra su magia negra.

maldita seas, Muerte.

por momentos

por momentos pierdo la cordura
mi alma empalagada en nefasta amargura
cuando sus ojos se pierden en la nada
y los sueños se quiebran como fina porcelana.

sin encontrar lógica
a miles de pretextos
con su manantial de ruegos ficticios
que arrastran mi dulce marea hacia viles suplicios.

pardo despertar de despertares
decadentes ilusiones sumergidas
en el abismo de mis pesares
preciado líquido cañaveral que hay en un vaso
que culmina con el ardor de la garganta y el alma.

dedicado a...

se
arrastra
en la
oscuridad
como
una
serpiente.
y
vaya
si miente,
siempre
miente
la insolente.
su boca
solo
arroja
ponzoña
para
aniquilar
la
esperanza
y nutrir
el odio.
sus
olores
nauseabundos,
como
el aroma
de un cadáver
en descomposición.

la sangre hierve

la sangre hierve por los enojos
como lava a punto de salir
del cráter de un volcán
fuego infinito
destructor
a su paso solo cenizas por el camino quedan
no flores
no pasto
nada de nada
ni siquiera un árbol en pie
ni siquiera una sonrisa
solo el llanto
la tristeza de las almas
el abandono celestial
y la fe marchita.

días inclementes

días inclementes
rodeado de ratas y serpientes
bastardo silencio insolente
rastrero suplicio perenne.

bajo su mirar, veo la luz de la maldad
se apodera de mí un terror inmenso
mi alma atrapada en espesa mediocridad
atrapada en este mundo enfermo.

oleaje de coraje
peregrinaje de sinsabores, tiempos duros
día a día, el más allá posible abordaje
arcoíris de colores con tonos claroscuros.

frondosa hiedra venenosa
te apretuja tan fuerte
que aniquila tu libertad
exprime de ti toda esperanza
para engrandecer la angustia.

alma mater

su cabellera de escamas y diamantes
rastrera belleza
perfecta amante
ahogarme en sus pechos de miel
alucinante toxina he de beber
...hasta el amanecer.

ojos lujuriosos
lengua inmoral
locura debilidad de cualquier mortal
hermosa infernal deidad
entre sus brazos
he de encontrar la fogosidad.

sus caricias hoguera de mi ser
delicia que me amamanta
una y otra vez
es el rocío que juguetea con mi piel
fiel y a sus pies
aprisionado en su cálida red.

plácida cama
altar mayor
alma mater de la excitación
ella borra mis miserias
... nubla mi cognición
eleva mi ego hasta otra dimensión

...mi propia perdición.

decadente

el sol se postra
irradiando colores
de diversos matices
alud de miserias
lloran nuestros niños infelices
salud por las penurias
brindan las lombrices
mundo ignorante
el dolor sus cicatrices.

más allá de la frontera
donde la esperanza yace en su ataúd
canta el prócer de la muerte
sentado a la derecha de Belcebú
danzan alrededor de la hoguera
pintorescos bufones
ángeles y
viles fieras.

mundo decadente
de magia negra
y devastación
tuerto señor mío
aparta de mí
este cáliz de absurdos.

paraíso abismal

flácidos sentimientos
por tu forma mezquina de amar

tus profanados besos
amargan mi paladar

odio y resentimiento
por tu crueldad al engañar

una pócima venenosa
por mis venas ha de transitar

a tu lado
junto a ti
atrapado en tus redes

sin pleno equilibro
siento que el hilo de la vida
puede romperse

tus tóxicos susurros
me consumen lentamente

ya no quisiese pensar
una vez más
en tu atroz mirar

la esperanza queda varada
cerca de la orilla de la mar

a tu lado
junto a ti
en un edén superficial

la sangre de mi corazón
se vierte en una rosa blanca

sus filosas espinas retuercen
lo más profundo de mi ser

sus pétalos se pudren
caen en turbulentas aguas

navegan desesperanzados
hasta desembocar a la mar

a tu lado
junto a ti
en un paraíso abismal

despertar en una fosa común de desasosiego
un miedo interno me estremeció

siento mi alma tenue, mi cuerpo pesado
el ardiente fuego de mi ser, se apagó

oh, Dios mío, ¡no me dejes claudicar!
sueño con vivir en plena libertad

mis pupilas perciben un triste despertar
mis anhelos se ahogan en el fondo de la mar.

el último brindis

no queda más que tragarte tus palabras
orgullo vil que retuerce tus entrañas
has de sentir la herida
llagando con infección
púdrase tu corazón y alma.

bébase...abundante brebaje
de la más fina casa de vinos
dulce coctel mezclado con cicuta
—veneno mortal—
abono del más bello y frondoso árbol
alimento de su habitante más cruel
...la serpiente.

desdichado espíritu
brinda por el dolor triunfante
alza el Santo Grial hasta los cielos
en son de victoria
cual disfrazada derrota ha de llevarte
al verdadero infierno de Dante.

-2-

el llamado de la tierra

mantis religiosa

escondido entre los pastales
un rosal con pétalos amarillos
trepada una criatura fascinante
en espera de su bocadillo
ciento ochenta grados
gira su cabeza con ojos grandes
rara belleza
con movimientos lentos
lista para el ataque.

su bocadillo
una abeja
quien danza con el rosal
para saborear el aroma
de su perfume colosal
con placidez
la abeja en sus pétalos
se pone a descansar
mi morbo por ver qué pasa
me hace esperar
el camuflaje de su piel
la hace difícil de distinguir
fulminante movimiento
deja a la abeja sin posibilidad de huir
atrapada entre sus raptoras tenazas
la digiere con apetito voraz
en posición de oración
como si agradeciese a su creador
por tan deliciosa merienda.

memorias en la hacienda

desde la hacienda
dirijo la mirada al bello firmamento
respiro la calma
me olvido de todo sufrimiento
«gracias magnánimo Creador
por la naturaleza divina
gracias por las mujeres
el vino
y experiencias vividas».

memorias de la bella hacienda
con sus humildes casas de palma
rodeada de coloridos y bellos rosales
tulipanes
buganvilias
y orquídeas.

su diversa variedad de frutales:
mangos
naranjas
limas
papayas
jocotes
guayabas
y dos imponentes palos de almendro.

imperaban sus grandiosos y altos cocales
que desde la lejanía se divisaban
firmes
en fila
como un regimiento de soldados.

pero recuerdo más la regia frondosa ceiba
que fue testigo de la rutina diaria
el ordeño
el uso del lazo
el descanso de las vacas
el galope de los caballos.

adentrándome a caminar
por sus gloriosos verdes pastos
admiraba el hermoso azulado cielo
y el vuelo en sincronía de unos patos
escuchabase el zumbido musical
que orquestaba el viento
en deleite armonía con las aves,
anfibios e insectos
a lo lejos hacía eco el mugido de las vacas
coreando en un ladrido incesante
una perra vieja y flaca.

bellas memorias de sus atardeceres
que se tornaban en un color rojizo
cuando después de una laboriosa jornada
mi abuelo se recostaba en una hamaca

mientras mi abuela descansaba
sentada en una banca
primos, hermano y amigos jugando a la pelota
y los señores degustando unas copas.

durante la noche
nos recostábamos en el suelo
para ver el resplandor de las estrellas
el merodeo de los cometas y la solemnidad de la luna
dando armonía visual
las luciérnagas danzando al ritmo
del canto de los grillos
y el lamento del búho.

solo quedan esos recuerdos
recuerdos en familia
si los tuviese a todos
un abrazo y beso les daría
y una sonrisa
pero la máquina del tiempo
continúa y continúa
su contorsionado recorrido.

el catrín

todos lo veían con recelo
¡elegante!
su lomo como mármol
acariciarlo era tocar el mismo sol
con la yema de los dedos.

pura sangre
pura adrenalina
con sabor a delicioso bourbon
bello brote de algodón
fino
blanco
color harina.

su aura
magnánimo resplandor
sus ojos reflejaban la aventura y el poder
así es como me acuerdo de él
¡regio!
con semblante de emperador.

el fruto prohibido

por los verdes campos
en un caballo tordillo
yo cabalgaba
hacia aquel lugar
donde me juntaba
con la enamorada.
el azulado día
se tornaba en un
rojizo atardecer.
mi ansiedad por verla
una vez más
hacía mi alma renacer
a lo lejos la divisaba
veía como sus cabellos
el viento desbarataba
sus blancas faldas volaban
y un moño rojo
decoraba su esbelta silueta.

bajase del caballo
sentía sus brazos
alrededor de mi cuerpo
beso tras beso
un cuervo celoso
gemía un lamento
beso tras beso

una serpiente era testigo
de nuestro secreto
un frío acogedor
imperaba
en todo mí ser
por sentir la emoción
de acariciar
su suave piel
y sentir
una vez más el sabor
del fruto prohibido.

ven...acércate

ven...acércate
que al oído quiero contarte un secreto
déjame decirte que cuando te veo
los vellos de mi piel se erizan
mi corazón palpita de prisa.

que me encanta admirar
el movimiento en sincronía de tus caderas
cómo el aire juguetea con tus cabellos
y acaricia con ternura tus senos.

me provoca tremenda fascinación
tu mirada nerviosa de excitación
tus pupilas dilatarse
perderse súbitamente en mis ojos.

al caer la noche fantaseo con explorar
los tiernos embrujos que guarda tu piel
tus finos labios grana
tu paladar sabor a miel.

¡qué hechizo provoca en mí, olfatearte!
cuando el calor de tu cuerpo magistral
activa tan sensual fragancia de gardenias.

déjame decirte dulcemente al oído
que quisiera besar tu cuello
con mis dedos provocar un destello
y quemarme contigo en una hoguera de pasión.

déjame besarte el ombligo
navegar suavemente en tu vientre
contra viento y marea anclar
en tus más profundos encantos.

anhelos del corazón

el susurro de tu voz enciende en llamas mi alma
quiero amarte hasta el despertar del alba
acariciar y sentir la suavidad de tu piel.

junto a ti el tiempo transcurre sin prisa
mis ojos se pierden al deleitar tu bella sonrisa
cada instante mi amor por ti me enloquece más.

eres la mujer que más adoro desde
lo profundo de mi ser
agradezco a la vida por darme un gran tesoro
que me enriquece y me hace perder la razón
brisa de mar que alimenta mi corazón.

el aroma de tu perfume quisiera sentir otra vez
ver las estrellas contigo en cada anochecer
sentir el sabor de tu tersa piel.

desde la distancia me faltan tus besos
y te recuerdo al escribir estos versos
sin ti las agujas del reloj marchan lentas.

amanezco todos los días pensando en ti
ángel que cuidas de mí, en tiempos de soledad
eres la luz que ilumina esta fría y triste habitación
apasionado amor que da alegría a mi corazón.

bella hechicera lee las palmas de mis manos
y mira en tu bola de cristal
si ves a futuro nuestras almas entrelazadas

bella hechicera elixir de mi existir
tu silueta danza en mi mente y me hace revivir
aquellos momentos en que colapsaron
nuestros cuerpos.

fusión pasional

sucumbo ante su picaresca mirada
mi tonto corazón como locomotora
mi mano derecha acariciando su cara
mi mano izquierda rozando su pecho
sus labios ardientes tocando los míos
su lengua voraz hace olvidar mis delirios
una rama de muérdago cuelga en el techo.

ante los ojos del contemplador
yacemos completamente desnudos
siento en mi pecho su cadena de oro
(se derrite enardecidamente por nuestra pasión)
el ímpetu bestial resurge
la semilla bucea hacia el paraíso
el gran rugido vertical.

el cedro

recostado bajo un palo de cedro
percibo el despertar del sol
delirante suspiro
por la dama que me dio su amor
ahora que ya no la tengo junto a mí
la recuerdo en este lugar
donde en colosal armonía
las aves se ponen a cantar.

bajo este palo de cedro
percibo majestuosas montañas
que merodean los verdes pastos
y frondosos bellos árboles
aquí la recuerdo
cuando sus labios mojaron los míos
cuando el rocío mojó el arcoíris
e hizo resplandecer sus bellos colores.

taciturno, bajo este palo de cedro
muero de mal de amores
donde al cerrar los ojos
presencio sus bellos ojos cimarrones
lamento que aquel sentimiento
se haya desvanecido
con el transcurrir del tiempo
así como las hojas secas
se levantan y marchan
con el rugir del viento.

añorando las tiernas madrugadas en lago de Atitlán

añorando las tiernas madrugadas
los cánticos y bailes de hadas
rodeado de doce apóstoles
magnífico lago
con su cielo adornado
rojo azulado.

mirada de experiencia
...temple...
vestida de pomposos colores
hermosa mujer mundana
con dulce sabor a madura manzana
humectante y exquisitos jugosos labios
corazones ardientes
... en llamas.

rechinido de la madera
colgado de la cabecera
temblando un rosario
sobre la mesa de noche
una lámpara vieja
y una foto de antaño

postrados cerca del armario
un oso de peluche
una muñeca de trapo.
embrujado por
sus divinos pechos de aceituna
colosal figura.

ella emitía su canto
(hermosa partitura)
acompasada con
el sonido de las olas
al chocar con el viento
y las pequeñas piedras
de la orilla del lago.

en algún lugar de Guatemala

en algún lugar de Guatemala
todo parece un cuento de hadas
seres inexistentes danzan en mi mente
en los bosques duendes danzan de repente.

el sol durmiente
la luna en cuarto menguante
las estrellas escuchan el rugido del mono saraguate
el canto del río
el chillido del viento
da movimiento a los árboles de un convento.

en un rincón
de un lejano lugar de Guatemala
recuerdo sus besos y su almohada
la marimba suena
—dulce sonido en mis oídos—
dando alegría a la primavera.

bella dama con sus trajes de colores
como el arcoíris
ojos canelones
pero todo no fue más que una vaga ilusión
todo no fue más que una amarga canción.

en algún lugar de Guatemala
¿dónde ha de estar esa bella dama?
aquella que un día me dio su sonrisa
me dio sus caricias y todo su ser.

en algún momento
de mi vida en Guatemala
quedó el lánguido recuerdo
de esa bella dama.

sueño superfluo

majestuoso y hermoso capullo
mis labios he de empalagar con un beso suyo
—un dulce beso suyo.
enredados sus azabaches rizos en mi corazón
sus ojos y forma de mirar nublando la razón.
he de recordar aquellos momentos
en que juntamos nuestras almas
hasta el despertar del alba.

resplandeciente y ardiente como el sol
recostado en la arena
oyendo el dulce cantar de las gaviotas
la brisa de mar acariciando mi rostro
rebelde como la ola que me arrastra
paz al soñar y creer sentirla a mi lado.

el mundo se me quebranta en mil pedazos
y el cielo se tiñe de tristeza
ahora que no está conmigo
sin su amor mi vida es una condena
solo ella podrá romper las cadenas
de este ruin sufrimiento
que me atormenta sin su presencia.

he de recordarla en cada despertar del alba
cuando desempolvo el cajón de los recuerdos

donde quedan guardados todos aquellos momentos
...momentos tatuados en el corazón
grabados en la memoria.

entre vacías sábanas blancas

entre vacías sábanas blancas
descansa mi solitaria alma vana
es otro despertar del alba
un rayo de luz penetra por la ventana
pero sin fervor, ni pasión
como es al sentirla lejos de mi corazón.

no sabe cuánto añoro su arrullo
un fuerte y suculento beso suyo
madrugo con un llanto quebrantado
de no sentirla a mi lado
pareciese que este es otro día azulado
triste, con el corazón marchitado.

un triste pájaro cantor se encuentra callado
sin alegría para realzar su dulce canto
solo congoja persiste en su espectro
infinita nostalgia que quema sus adentros
lúgubres hojas secas y plumaje caen al suelo
—triste ave soñadora sin alzar su vuelo.

anhelo volver a despertar con ella en bellos amaneceres
navegar en un río lleno de sabrosas mieles

pasear en un mundo mágico de colores
donde no existan rencores, ni poderes
sueño en que un día en su alma, yo florezca
y volvamos de nuevo a ser aquella bella pareja.
pero prisionero soy de mis propios pesares
angustia, dolor, soledad, mis manjares
la busco en todos los puntos cardinales
pero no la encuentro
ni siquiera en mundos de hadas
en inframundos de fantasía
sin ella
mi corazón se encuentra desahuciado
completamente marginado.

el jardín

paseo en el jardín de mis penurias
soñando por aquel amor
que jamás floreció

sus pétalos marchitaron
se esfumó toda ilusión

toda la pasión quedó en el olvido
como polvo que se lo lleva el viento

mi alimento era su querer
ahora no hay nada que hacer

en soledad
casi sin aliento
canto mi lamento

en soledad lloro
en el jardín.

-3-

vuelo del quetzal

las voces del pasado aún se escuchan

miradas que inquietan
lo profundo de nuestro corazón
los latidos se acrecientan
aumentan los decibeles.

poder, ignorancia, racismo
aumenta la aprensión, la inseguridad
voces de esquirlas que arrebatan
matan, torturan nuestro pueblo.

hijos de Tecún
—hombres de maíz y frijol—
sucumbiendo como piezas de domino
lágrimas caen como un manantial de hemoglobina.

coágulo rojo recorre
tus ríos, lagos, mares
recorre en la ciudad de quetzales
en las montañas de los jaguares.

bellas praderas, bosques, jardines
abonados con material humano y plomo
bella monja blanca, bellas flores
retoñan con costras del sufrimiento.

canto: 82

magnánimo y triste bello Quetzal
sus alas heridas, sin su vuelo alcanzar

abatido gran héroe nacional
ve a sus hijos combativos sangrar

Monja blanca —bella y angelical—
sus pétalos afligidos a punto de marchitar

frondosa y galante ceiba inmortal
bajo sus ramas ve miles de almas claudicar

el bosque canta su triste cantar
los duendes lloran sangre al despertar

seres merodeando en un viejo portal
un loco ve un niño mugriento llorar

ánimas merodeando por el parque central
suplicio en sus almas, triste soñar

sinvergüenza tirano en un pedestal
se mofa de su pueblo, lo trata de callar

sollozan las campanas de la catedral
las palomas lloran en su madrugar

la ciudad canta su triste cantar
sus calles lloran sangre al despertar

respirar sus aires me hace anhelar
sin hambre, ni dolor, vivir en plena libertad

admirar su cielo bello y celestial
en sus praderas llenas de flores pasear

admirar sus volcanes y un lago magistral
y en paz por sus aguas dulces navegar

bella patria, primor primaveral
a pesar de sus penas, la extraño mucho más

la primavera canta su triste cantar
la esperanza brota en primavera al despertar

Guatemala, tu nombre inmortal.

batracios

vil y venenoso ser
asquea con su ligosa piel
vil y venenoso ser
atrae a las abejas como la miel
con su pegajosa lengua larga
atrae a las moscas
con su pegajosa lengua larga
atrapa vidas tormentosas.

su cantar alimenta la ignorancia
su cantar engaña con eficacia
gran ser de la repugnancia
actúa sin perdón
le alienta la muerte
el hambre y el dolor
se burla de la libertad
y necesidades humanas
le provoca placer
las condiciones infrahumanas.

miles de voces sin oír
bocas cerradas
miles de sueños sin cumplir
manos atadas.

¡ya basta!
y tú, he aquí
y no haces nada por actuar
he aquí, te quejas
y no haces nada por cambiar
te acomodas en el fango
ves las injusticias
te haces de la vista gorda.

entonces...

por lo visto...

eres un batracio más.

cara sucia

entre hojas de palma y palos de cedro
vuelan dos codornices
una de ellas acarreando una lombriz
para dársela de bocadillo a sus crías
observando a las aves volar
—inmaculado paisaje de diversos matices—
ella con sus grandes ojos tristes
pierde la mirada hacia el nuboso cielo
viento húmedo y frío
acariciando su bello sucio rostro
con el alma rígida y deformada
no encuentra ángel que pueda curar su mal
sola, despreciada
deambulando por todos lugares
entre manglares, cocotales, ceibales
arrastrándose por la noche como los alacranes
danzando al imaginario sonido de los timbales
su mente se encuentra en júpiter
sus pies en la luna
realizando excéntricas travesuras
¡oh... pobre hermosura!
con un tornillo suelto
murmurando palabras incongruentes
por momentos gritando cantos convalecientes
deprimentes

llorando tempestades estridentes
entristecidos tiempos de invierno
encarcelada en su propio infierno
donde las aguas salen de su cauce
así como sus temores y locuras salen a flote.

plegaria

(danza, ríe, llora
en el transporte público de la ciudad
danza ríe, llora de emoción,
niño pobre que canta para subsistir).

(pide el niño):
«¡oh dios!
dame alegría
para entusiasmar a estas personas
con mi rostro de colores
mi nariz roja.
quiero verlos sonreír
no los quiero ver llorar por mi miseria
—esa congoja que llevo en el alma
se disfraza con mi atuendo de payaso—
a los expectantes quiero hacer sonreír
quiero que olviden toda aflicción
que se pongan la mano en el corazón
y se sensibilicen por mi situación
que me den una limosna
no ves que tengo hambre
no ves que no tengo madre
mucho menos padre
no tengo a alguien que me cuide
alguien que me eduque
alguien que me dé alegría
y que me cobije por las noches

¡oh te pido dios!
que te pongas la mano en el corazón
y me ayudes a subsistir en este mundo enfermo
cruel mundo de sufrimiento y desgracia»

niño de papel

veo la tristeza en sus ojos aguanosos
pobre niño tierno y andrajoso
vagando sin sentido, como un ánima
quisiera limpiar su carita y secar sus lágrimas.

sus ojos me siguen por todos lados
espíritu abatido y desolado
sueños que se deshacen como espuma
sin luna que le cobije en su cuna.

días grises, su oración
sin sol que ilumine su tempestuoso corazón
entre la mugre, enfermedad e indiferencia
gira su vida
sociedad vil por excelencia.

cabizbajo

cabizbajo
camino en la orilla de la mar
el viento frio, enfría mis entrañas
enchinan los vellos de mis brazos.

llora el triste cielo
gotas amargas del dolor
tristeza hay en el alma
está de luto, usa su traje negro.

cabizbajo
camino en la orilla de la mar
en la arena dejo el rastro del olvido
la mar borra las huellas de mis pies.

las olas retumban y retumban
dan sus condolencias
mientras los grillos lloran
coreando el triste cantar de la noche.

hay un lugar donde el cielo es gris

hay un lugar donde el cielo es gris
y no descansan en paz los mártires
sobre una rama de un árbol seco
un canario no canta feliz
al ver la destrucción y barbarie.

sesgadas alegorías ponzoñosas
lengua cruel y corrupta
palabras con doble sentido
mensajes que no quedan en el olvido
más bien corroe, inquieta el alma.

ronda por el aura
como un flagelo agobiador
su sonrisa macabra
su mirada tan falsa
egoísta, vengativo, devastador.

hay un lugar donde el cielo es gris
tan desolador ambiente, sin jardín
tétrica casa deshabitada, húmeda y maloliente
con sus paredes sucias, puertas podridas
un silencio inquietante
viejos fantasmas que militan ahí de por vida.

los grandes reyes del mal

daga envenenada
insertada en los corazones
o a quemarropa balas
asesinando las ilusiones
de quienes buscan prosperar en la vida
de quienes luchan por un futuro mejor
a veces cegado por Caínes
Caínes que únicamente
buscan alimentar su ego
ego de terror
putrefacción
blasfemia
poder.

son los grandes reyes del mal
que habitan en la tierra
acechando a sus presas cotidianamente
presas atrapadas en la selvática ciudad
ciudad poblada de serpientes
lobos
cuervos
ratas
cucarachas
hienas
marabuntas
que carcomen los ideales
las alegrías

el porvenir de los nobles de corazón
hasta niños indefensos
con todo un gran futuro
aniquilados por depredadores
que se burlan de las leyes de la tierra
de los ojos de nobleza
de los de palabras sabias
palabras del bien
palabras de la verdad y honestidad.

¿dónde está esa hermandad?

¿dónde está?

tirada
en el corroído retrete
de la zozobra.

a un Quetzal

no concibo pensar el porqué te escondes
¿acaso es grande el dolor que guardas en el pecho?
te camuflas como radiante verdoso helecho
como un fugitivo orbitando en los bosques.
cantos, llantos, voces a los que ya no respondes
¿acaso aún temes al poder de la mano cruel
que ha convertido a tu bella tierra en un burdel
donde abundan malditos e inescrupulosos ladrones?
¡ojalá!...y realmente puedas tu vuelo alzar
más alto que el cóndor y el águila real
acariciar el cielo y el arcoíris saborear
de lo contrario tu alma no dejara de agonizar
ante el eco de malévolas carcajadas
de quienes escupen hasta en cajas mortuorias
y jamás has de encontrar la gloria
si tienes totalmente las alas resquebrajadas.
tu tierra tienen en total calamidad
ya no temas, hermoso pájaro serpiente
con todo tu aliento, en forma estridente
¡grita! ¡grita! por tu verdadera libertad.

pata de conejo

para Álvaro Rodríguez

I

imponente ave verde en cautiverio
y como ella muchos otros más sufrieron
con el pecho ensangrentado y el alma herida
nunca se dio por vencida.

un Chamán dio una pata de conejo
el joven guerrero con un nuevo amuleto
que lo defiende de las malas vibras
le protege su vida
y por siempre con ella vivió.

siglos de siglos de impunidad
ya no más chantajes a la libertad
ya no más ignorancia, ya no más dolor
¿será que un día el ser humano
podrá entrar en razón?

II

por las calles se le mira pidiendo limosna
viviendo una vida tormentosa
sin una acaricia, sin una sonrisa
sin una brisa de amor.

un buen samaritano dio una pata de conejo
el vagabundo recibió palabras de aliento
las heridas del corazón sanaron
disfrutó un nuevo mundo
y por siempre con ella vivió.

siglos de siglos de crueldad
ya no más miserias de la humanidad
ya no más egoísmos, ya no más odio
¿será que un día el ser humano
se quitará la venda de los ojos?

III

dase una llama de luz a un niño
—en las tinieblas iluminará su camino—
quien con ilusión y esperanza
forjará su destino
y por siempre con ella vivirá.

siglos de siglos de oscuridad
ya no más obstáculos a la libertad
ya no más soberbia, ya no más maldad
¿será que un día el ser humano
podrá descubrir la verdad y vivir en paz?

IV

pata de conejo

tu mágico amuleto
y por siempre suerte tendrás.

niña Azucena

piel canela, canela, canela, negra melena
¿dónde está la niña Azucena?, la niña más bella

labios grana, grana, grana, alma de porcelana
desolado dormitorio con sus osos peluches en la cama

diadema, diadema, diadema conserva su abuela
única prenda encontrada en la oscura callejuela

risueña, risueña, risueña, fugaz estrella
han pasado los días y no se ha sabido nada de ella

sueños de arena, de arena, de arena, ¡qué pena!
niña con todo un porvenir, coartada su vida plena

en La Verbena, Verbena, Verbena, yace Azucena
inerte, azulada, descompuesta, sin su sonrisa bella

tantas velas, velas, velas, ave vuela
injusticia, violencia, muerte en primavera

dilema, dilema, dilema, nuestro diario problema
mujeres ultrajadas, asesinadas como la niña Azucena

calaveras, calaveras, calaveras en tus bellas praderas
sigue derramándose sangre, en tiempos de postguerra

gente mala, mala, mala, la gangrena
cerdos, buitres malditos que agobian mi tierra

primavera, primavera, primavera, te canto a capela
¿cuándo acabara tanta zozobra en mi Guatemala
bella?

Guatemala bella, bella, bella; país de la eterna
primavera
¡ya no llores sangre mi Guatemala bella! ¡ya no llores
más!

el cuadro

buscándole lógica a lo ilógico
en pensamiento reverente
me pierdo en los trazos delicados de colores
que dan vida a singular imagen inerte
en movimiento falso, danza
un, dos, tres, silencioso vals
ojos de mujer, labios rojos
imagen que penetra a través del iris de los ojos
deleite de las neuronas
orgasmo de las desdichas
delicias de los placeres banales
uvas, vino; rostro divino
(hasta el mismo Baco rendiría a sus pies)
boquiabierto y aturdido
embriagante imagen impura
irrealidad que hace olvidar toda basura
de esta vida de mártires olvidados en el tiempo
víctimas de las barbaries de la mano de hierro
destierro de miles de almas desesperanzadas
lágrimas de infames madres
amortajados suplicios perennes
huérfanos de la inmundicia y crueldades
conforme pasan las tempestades
solo cambian los actores del anfiteatro
aunque el libreto es el mismo
egoísmo, mezquindad, maldad universal

su majestad la muerte y el dolor
cultivando las semillas del rencor
cosechando el horror de las injusticias
guerras, miserias, hambruna
la vida gira como una rueda fortuna
encanto y tragedia
queda plasmada en tan bella pintura
que hace olvidar por un segundo
toda amargura que hay
en este nuevo despertar surrealista.

colibrí

he de pintar este mundo
con los colores del porvenir
el espanto de la postguerra y la miseria
haz de tener junto a ti
entre lúgubres besos y llantos
siempre hay una razón para vivir.

he de llevar tu alma a un mundo etéreo
donde no existan formas ocultas o misterios
donde no mutilen tu ser
tu yo interior
aférrate a tus ideales, es lo mejor.

he de evaporar tus lágrimas
y llevarlas hasta el cielo
y cuando desciendas como lluvia
bañes todo lo horrendo
que hay en este mundo de dolor y tedio.

¡dime Colibrí!
    qué te hace vivir
¡dime Colibrí!
    qué te hace sonreír
¡dime Colibrí!
    cómo puedes distinguir y disfrutar
    el aroma de una bella flor
    en pleno fango.

-4-

Eros desterrado

cinco de la tarde

cinco de la tarde
otro día en el parque
una hermosa dama
paseaba con su acompañante
he sido poseído
por sus ojos penetrantes.

su pelo azabache
danzaba con su caminar
sus labios rojos
hacen volar la imaginación
solo pensar en pegar
sus labios con los míos
acariciar su cuerpo lujuriosamente.

...oh Dios
creo que nada hará
que me olvide de esa mirada
cuánto daría
por tenerla conmigo
y quemarme con ella
en un juego pasional.

noche fría

en una noche fría
tuve una fantasía lujuriosa
pensando en ti
amada diosa perniciosa
ojos rojos
preciosa y triste melancolía
desgarrada el alma
tu partida la melodía.

aquí en mi soledad
bostezo un lamento
tú eres el dolor
mi eterno tormento
ensangrentado corazón
por no tenerte
memorias
de un amor inerte.

nubes negras

sus bellos ojos mintieron
sus palabras como ráfagas de fuego
hermosa criatura inyectó su toxina en mi ser
mi dolor le provoca placer
mi mundo está plagado de nubes negras.

por las noches trasnocho pensando en ella
con la maldita botella en mano
vive en mi mente como una bacteria
que me carcome con lentitud
mi esperanza desfallece
como la luz de una vela
maldito sea el día
en que besé por primera vez
sus fatídicos labios carnosos.

el silencio en una noche de invierno

ella es el silencio en una noche de invierno
triste, desolada, tan fría
su insensibilidad provoca
un nudo en la garganta
cuánto la amo, no sabe cuánto
pero su indiferencia me asfixia.

el encanto se ha evaporado
la magia de la noche es ahora una ilusión
sus besos, sus abrazos
ahora solo son un recuerdo
un triste recuerdo que guardo en la memoria
cuánto la amo, no sabe cuánto.

por las noches veo nuestras fotos
cómo nos reíamos
cómo nos queríamos
hasta el cielo rebozaba de alegría
los ángeles sonreían.

las estrellas eran como luces
que hay en un salón de baile
la luz de la luna proyectaba
nuestros cuerpos danzando

los dioses nos veían
nos admiraban.
cuánto la amo
no sabe cuánto la amo
pero su indiferencia me asfixia.

gusanos

hay llagas en el corazón
que no logran sanar
hay dolores en el alma
que no se logran olvidar.

otro resplandor
presencio en soledad
turbulentas aguas que
batuquean a la mar.

mis entrañas
no paran de suspirar
por volverte a ver
una vez más.

hay momentos en la vida
que jamás se olvidan
el dolor agudo en el alma
tiene aroma de mujer.

tiempo muerto
dueño de la eternidad
cicatrices de caricias
provocadas al amar.

estriba mi aflicción
en el portal de las pesadillas
donde la esperanza no es más...
que una comidilla
de los gusanos.

transición

en la densa oscuridad se ve
a las tiernas parejas caminar
mujerzuelas y ladrones en la clandestinidad
y arrogantes guardias viviendo de la mezquindad
grafiti, ruido, tedio abundan en esta vil ciudad
entre sus miserables calles camino en soledad
me pregunto:
¿por qué las alegrías y sonrisas son como cometas
mientras que
las tristezas y llantos duran toda una tormenta?

mi dermis tan fría como una desolada sepultura
melancólica mirada perpendicular hacia la blanca
luna
en la inmensa pared negra se encuentran estrelladas
infinidad de inmóviles luciérnagas desahuciadas
el chillido del soplo, ahuyenta a las hojas secas
y de un lado para otro, danzan las ramas viejas
resurge el fantasma de sus besos tan ajenos
suaves palabras y susurros
falsos juramentos de veneno.

mentalmente repaso su espalda
pezones de aceituna
sus piernas largas
bella escultural diablura

medusa seductora vestida en lamentos
alma decorada con rufianes espejuelos
el amarme para ella
no era más que amar una marioneta
ella fue de esos amores
tan enfermizos que escarmientan
corazón hechicero hecho de inoxidable acero
su recuerdo es simplemente
observar un velero perderse en la mar.

en el halo del olvido

en el halo del olvido
donde hay pasiones truncadas
olfateo las aromatizadas
flores marchitas.

suenan las campanas producidas
por un torbellino de ansiedad
que sin piedad destruye todo
todo con su omnipotente odio.

penurias de un pasado
espina en mi costado
con tristeza y desagrado
coloco en una almohada mi sien.

la sueño desnuda
cabalgando un caballo moro
con sus maltratados pies
cubiertos de sangre y lodo.

bello espíritu febril
luce su falsa melena de oro y blanca piel
angustiosa pasión
que desborda hiel.

su sonrisa irradia
dulzura e inocencia
viles demonios son el reflejo
de su podrida conciencia.

fingidos besos revientan
mi placida calma
trémula caricia que desgarra
lo más profundo del alma.
despierto en la lánguida noche
triste, perversa, cruel
congoja en mi alma
por su nefasto querer.

mi llanto nutrido
por los senos de un burdel
con tinta de sangre
escribiré su réquiem.

ruptura

confinado en una maraña de tormentos
en los cielos Eros se encuentra en destierro
la luna irradia tristeza
el viento trae nostalgia
arcano corazón de hierro.

luciérnagas alumbran mis ojos vidriosos
torrencial de lágrimas que nublan mi cordura
con los parpados pesados
espíritu alado ensangrentado
por tan infame ruptura.

suspiros infringen el sagrado silencio
retorciéndome entre inmundos rincones
besos con sabor a sarcasmo
fingidos dulces orgasmos
dilatan en mi pecho los rencores.

mi hemoglobina se esparce en la daga
guarnecida de diamantes baratos
afilada arma deslumbrante
alma agonizante
—delirio en el burdel de Tánatos.

¿cómo poder salir de este infernal encierro
y recuperar la preciada calma?

brebaje de escorpión dilata la memoria
sana la herida
tonifica el alma.
¡Medea! ... ¡apártate de mí!
despreciada hechicera

¡y tú!... engreído Minotauro
¡muere en tu laberinto!
¡que yo soy el bárbaro Teseo!
y ahora lo que más deseo
es besar labios distintos.

te he estado buscando

te he estado buscando
en cada rincón del planeta.

te busco en las tormentas
en las sombras donde no hay un rayo de sol
en las sombras donde no da luz la luna
cerca de las herramientas del carpintero
cerca de la casa del titiritero
cerca de la limosna del pordiosero.

pero, ¿en dónde estás?

te busco por las diversas ciudades
en los recitales
en las mesas llenas de manjares
en los antros
en los bares
en los abrazos fraternales.

te he buscado en los ríos
en los mares
en los lagos
en las montañas
debajo de la copa de los árboles
por donde vuelan los colibrís
por donde florecen los lirios
por donde juegan los niños.

aún no te encuentro
¿dónde estás?

¡sé que un día te encontraré!
¡sé que lo haré!

y será el día
en que encantes mis ojos rojos
con sabrosos caramelos
labios de terciopelo

será el día
en que tus finas manos
y filosas uñas
roben mi espíritu
será cuando
prendas un cerillo
e incineres
mi abatido corazón.

diosa del amanecer

sublime
magnánima
artífice celestial
diva pasional
veneno versátil
recorre mis venas.

sus anhelos
en mis entrañas

su imagen
en mis neuronas

su susurro
en mí oído

su olor
en mi olfato

su sabor en mi paladar

su sudor en mi cuerpo

su amor
en mi corazón empalado.

vida después de la muerte

meses
días
horas
minutos
segundos
vagando sin sentido
con mi corazón moribundo.

Meses
días
horas
minutos
segundos
llorando sangre
con mí destino nauseabundo.

aún así
la luna me ha cobijado
en noches de soledad
la luz del sol ha amedrentado
a la mala deidad
mi rostro deslucido por culpa
de un idilio hiriente
pero he encontrado vida
después de la muerte.

el tiempo ha pasado
las estaciones han cambiado
y el llagado de mi corazón
ha cicatrizado
los gorriones han cantado
los buhos han trasnochado
los grillos han bailado.

ahora no existe
ningún rencor hacia ti
en el sarcófago de los recuerdos
quedó tu alma
que fue consumida
por las llamas
provocadas
por otro amor.

el sueño más hermoso

despertándome
de un profundo hermoso sueño
me quito la legaña de los ojos
estiro los músculos de mis extremidades
con picardía remuevo las sábanas
para admirar sus tersos glúteos
antes de darle un beso al cuello.

me asomo a la ventana...
exhalo pensamientos de agradecimiento
al creador
inhalo el aire fresco de la madrugada
deleitante sensación que siento
al ver el salir del sol.

desde lo más profundo de mis huesos
me invade la tranquilidad
un hormigueo de felicidad
siento en el pecho.

volteo para verla
...sus ojitos siguen cerrados
está profundamente dormida
¡qué hermosa se mira!

el rayo de sol que penetra en la habitación
acaricia tiernamente su desnudo bello cuerpo
juguetea con sus pezones de miel
se enreda en sus vellos
(mi favorita telaraña que atrapa todo mi ser)

cayendo bajo su hechizo.

buscándole sentido a la vida

tal vez las cosas no se vean claras
y que las rosas no luzcan hoy tan esplendorosas
tal vez la vida no te abriga
en momentos de frío e intriga
tal vez tu alma esté en estado comatoso
(muerto en vida en momentos tormentosos)
que no siempre salgas victorioso
galopando un caballo blanco tan hermoso
pero ponte un rato a analizar
mientras una puesta del sol te pongas a admirar
respirando aire fresco, sentado en la arena
relajado, con cabeza serena
que en esta vida hay cosas
por las que vale la pena luchar
que por ahí habrá alguien
que con todo tu ser puedas amar
(y puedas ser amada)
puedas encontrar una mano hermana
con la que tú puedas contar
(o tú puedas ser esa mano amiga
que alguien quiera necesitar)
manifestar una sonrisa a un niño
a tu hermano
darle una última sonrisa
y calidad de vida al desahuciado
tal vez yo no sea el mejor consejero
pero ponte a pensar que en esta vida
hay cosas por las que vale la pena luchar
vale la pena amar.

3D

¡no sé qué me pasa hoy!
siento la pereza transitar como sangre
o estará el ambiente inyectándose en mi ser
ambiente hostil
de desesperanza
estaré exhausto de ver caras fruncidas
caras pálidas, enfurecidas
caras sin sonrisas, bocas enmudecidas
o palabras sin aliento,
sino más bien de descontento
negativismo que se transmite
como un virus en el alma
pudriendo lo más preciado de mí ser
¡mi alma!

¡no sé qué pasa hoy!
veo a la gente caminar con prisa
no hay cortesía
sin un señor o señora buen día
no hay amabilidad, solo mediocridad
mezquindad, hipocresía, alevosía y maldad
no hay tiempo para ayudar al anciano
al enfermo, al necesitado
solo suficiente tiempo
para quejarnos noche y día
chismes

propagandismo
amarillismo la sinfonía.
¡no sé qué pasa en esta vida!
el tiempo corre y corre
corremos la vida y no la alcanzamos
y si la alcanzamos no la disfrutamos
vivimos en un mundo tridimensional
bestial, alucinante, desgastante
deprimente, demente, con hambruna
gente sin cordura, gente de caricatura
amargura, lluvia de lamentos
tormentos, ojos tristes, días grises.

¡vida!
¡hermosa vida!
me ato a ella para vivirla día a día
noche a noche
como si fuese el último día
la última noche
cotidianamente con mis gafas oscuras
veo y seguiré viendo la vida pasar
y disfrutarla
como si fuese una película
en tercera dimensión.

acerca del autor

Fernando Gudiel nació en Nueva York el 11 de noviembre de 1973. En 1980 emigró a Guatemala donde estudió y se graduó de Administrador de Empresas. Obtuvo un postgrado en Economía y Finanzas y un Máster en Negocios. En el 2003 retornó a los Estados Unidos.

Es integrante y fundador del Círculo Literario Letras Vivas de Virginia, así como miembro de la Academia Norteamericana de Literatura Moderna Internacional. Ha publicado los poemarios *Ritual rojo de primavera* (Indeleble editores, 2015) y *Mosaico de amores y atrocidades* (Tessellata, 2021); la colección de relatos *Zánganos de Xibalbá y otros inframundos urbanos* (Pukiyari Editores, 2019). Su narrativa aparece en la antología de relatos latinoamericanos *Voces desde el encierro* (Editorial X, 2021).

«Al leer un libro palabra por palabra y página por página, participas en su creación, así como un violonchelista que toca una suite de Bach participa, nota por nota, en la creación, el devenir y la existencia de la música. Y a medida que lees y vuelves a leer, el libro, por supuesto, participa en la creación de ti mismo, tus pensamientos y sentimientos, el tamaño y el temperamento de tu alma».

Ursula K. Le Guin

www.ingramcontent.com/pod-product-compliance
Lightning Source LLC
Chambersburg PA
CBHW051656040426
42446CB00009B/1160